D1731586

Andrea Voggenreiter
Fernweh nach Heimat

Andrea Voggenreiter

FERNWEH NACH HEIMAT

Gedichte

Band I

Andrea Voggenreiter wurde 1978 in Ingolstadt geboren und studierte in Regensburg Geografie und Geschichte. Heute arbeitet sie als Softwareentwicklerin für ein internationales Unternehmen.

Reich an Erfahrungen durch Beruf, Hobby und längere Auslandsaufenthalte in Europa, den USA und Afrika hat sie sich mittlerweile genügend Freiraum geschaffen, um ihrer schriftstellerischen Leidenschaft nachgehen zu können.

Sie lebt mit ihrer Familie im Landkreis Passau.

Für die, die mir nahestehen,
und mir jeden Tag aufs Neue
Heimat schenken

Aufbruch

Die Koffer stehn bereit,
nicht mehr fern ist unser Ziel,
dann gibt der Wind Geleit
und schickt uns in ein Spiel,
das uns endlich lachend macht
und neue Sphären offenlegt.
Das uns töricht unbedacht
in ungewisse Welten fegt.

Hast du Angst vor Morgengrauen?
Vergessen längst dein Kindvertrauen?

Zuversicht in meiner Hand,
so sehr auch zweifelt der Verstand.
Gewohnte Ferne ist das Land,
wo längst mein Traum schon Hoffnung fand.

Washington D.C., USA

Fernweh

Fließe, blauer Fluss, nur hin,
Trage fort die Träumerin
In immerwährend selbem Lauf,
Gib all das Fluchtvertraute auf.

Bach und Strom und dunkler See,
Tannverdrängter Uferklee
Winkt zum Abschied windgewogen,
Schilf steht starr und fernbetrogen.

Fließe hin in weites Land,
Wo der Mensch einst Feuer fand.
Und will das Meer dich doch besiegen,
Kannst du gegen Himmel fliegen.

Weg in tröstend stille Weiten
Werde ich dich mit begleiten.
Hüllt uns Abenddunkel ein,
Du wirst immer spürbar sein.

Kruger-Nationalpark, Südafrika

Mayflower

An der Reling stand ich,
fest ins Holz gekrallt die Finger.
Nach endlos langer Fahrt
schließlich Land in Sicht!
Und Sand!
Und Gras!

Die Gischt sprühte mir ins Gesicht,
Salz brannte in meinen Augen.
Rollend schaukelte das Schiff
im Takt der Wellen.

Der Himmel weit und klar,
das blaue Meer sein Spiegel.
Am Horizont dunkle Wälder.
Der Geruch neuer Erde lockte,
eine Einladung,
die ich ungeduldig annahm.

Wild sprudelte das Meer zu den Dünen hin,

die Flut schwappte wie Trommelschläge,
meine Gedanken wirbelten:
Freude und Furcht,
Hoffnung und Ungewissheit.
Doch hört! Wie eine Sirene
rief uns die fremde Küste!

Mit zitternden Knien, tränenden Augen
und nach wochenlanger Unrast
sprangen wir endlich an Land,
bereit, das Paradies zu finden.
Herz schlug laut, Atem stockte.
Zu guter Letzt
wollte sich die neue Heimat formen.
Übermütig warfen wir die Köpfe
in den Nacken
und lachten.

Nur der Kapitän klopfte dreimal auf Holz.
Nur der Priester wisperte ein Gebet.
Nur die alte Ada beäugte argwöhnisch
den Flug der Vögel.

Baltimore, USA

Afrika

Die rote Erde rieselt
Fein durch meine Finger und
Hinterlässt in der Handfläche
Einen Hauch glitzernder Partikel.

Ich puste sie fort,
Wie der Wind über die Savanne fegt,
Wenn Akazien sich sanft wiegen und
Grillen ihre Lieder zum Abendrot singen.

Der Sonnenball verbrennt schon den Himmel,
Als sich am Wasserloch
Antilope und Giraffe treffen,
Um sich Gute Nacht zu sagen.

Erst als tausend Lichter
In erdrückender Pracht über ihm erstrahlen,
Gleitet der Gepard vom Baum
Und verschwindet lautlos in der Weite der Savanne.

In der Dunkelheit höre ich
Den Ozean rauschen.
Unbeugsam und gleichförmig
Umspült er die Küste.

"Komm mit mir, komm mit mir",
Flüstern die Wellen
Und tragen meine Träume in die Ferne.

Namib-Naukluft Park, Namibia

Schneekugelland

Schwere, silberblaue Flüsse schlängeln sich durch sattes, grünes Gras.
Weiße Flocken spielen leise wie im Wind.
Niemand weiß, wer dieses Spiel gewinnt.
Friedlich-stumme Welten hinter Schneekugelglas.

Ich tauche ein und tanze mit dem Schnee,
Eisblumenblüten schmelzen in der Hand.
In diesem stillen, weißen Land
Liegt die Tiefe einer dunklen See.

Meine Spur im Tal zieht einsam dahin.
Silbrig leuchten weitab in der Ferne
Hohe Berge, funkelnd wie die Sterne.
Sieh, mein Gott, wie selig ich bin.

Erfasst vom Sog falle ich zurück.
Zu schnell vorbei das Traumlandglück.
Doch in der Rechten schimmert blass
Ein Paradies hinter Schneekugelglas.

Heidekreis, Deutschland

Burgruine

Haus der toten Seelen,
Trocken nun die wilden Kehlen,
Schon längst die Zeit vergangen,
Tore jetzt mit Schmutz behangen.

Zähle nur die Zeiten,
Zu viel, du kannst es nicht.
Und trotzdem wirst du gleiten
Vom grauen Jetzt zu dort ins Licht.

Sieh nur hier den alten Stein,
Schau genauer: Jetzt Palast!
Was früher wilder, süßer Wein,
Jetzt staubestrockne Dürrelast.

Buntes Treiben hier und dort,
Jetzt hallt einsam jedes Wort.
Welches Grauen, welcher Mord
Raubte die Seele diesem Ort?

Verharre still, du musst nur lauschen,
Dann hörst du auch der Wipfel Rauschen.
Denn Zeit dies Rauschen nie vermied,
Singt's noch heut das Wiegenlied.

Andalusien

Hoch ragen die weißen Häuser,
verwinkelte Treppen führen ins Nichts.
Alte Frauen in Innenhöfen,
märchenumsäumt von roten Blumen.
Die Zeit bleibt hier stehen,
trotz Lärm und trotz Wind.
Palmen, die wogen,
Laken, die flattern,
Hühner, die gackern,
Hunde, die bellen,
Motoren, die heulen,
und dennoch die Ruhe,
tief in mir drin.

Granada, Spanien (diese und vorhergehende Abbildung)

Es gab diese Idee

vom Paradies
in uns beiden.
Die Idee, die in unseren Köpfen
blau und grün wurde,
wie die slowakischen Wälder
und der Himmel darüber.

Es gab diese Berührung
unserer Einheit,
unter der Haut wie ein Splitter,
ewig fühlend, ewig schmerzend.
Die Lösung so nah und doch nie erreichbar.

Es gab dein Meer,
als der Stein kalt war.
Ich fror und du warst nicht da.
Schreiend brüllte ich meine Wut heraus,
weil du mich allein ließest
in dieser Menge, diesem Gedränge,
wo ich mich verlorener fühlte
als eine Gefangene und du besitzt den Schlüssel.

Das Seltsame ist –
du verstehst es nicht
und auch nicht ich.
Die gleiche Art von Liebe
wächst tief in uns.
Hebt uns vom Boden
hinauf in die schützenden Blätter,
und wächst uns auseinander,

noch immer denkend, die Wasseradern der
Pflanze
seien der Herzschlag des anderen.

So einfach und so schwer.
So klar und doch so rätselhaft.
Wie können Bruder und Schwester sich
vereinen,
da Jahrhunderte uns trennen.
Jahrhunderte, die uns beide alt und grau
gemacht haben.

Stell dir den Samen vor, der aus unserem Akt
wächst.
Eine alte Seele schon in der Wiege.
Würde er die Welt regieren?
Oder ins Theater gehen,
sein Geld an billigen Genuss verschwenden.
Ich denke, du wärst streng mit ihm.
Ich würde dich sanft daran erinnern,
dass er ein Kind ist,
dessen Lachen ich so liebe
wie deine ernste Stille ...

Das perfekte Bild einer perfekten Welt.
Doch du bist so fern wie eh und je.
Was hält uns?
Der Gedanke zersplittert am
sturen Stolz der Löwen.

Niemals.
Für immer.

Čunovo, Slowakei

Mond – Der Bruder

Bruder Mond an meiner Seite,
der mich nie verlässt
in einsam-dunkler Zeit.
Du strahlst so sanft und gehst mit mir
den langen Weg über die Brücke,
wo in der Finsternis um mich
der schwarze Dämon lauert.

Wenn keiner ist
und niemand mir
meinen Schatten treu bewacht,
dann webst du
tausend silbergoldne Bänder,
so dass mein Herz nicht fällt
und mein Schritt
nicht der letzte ist.

Hamilton, Bermuda

Mondphasen

Als du im Vollmond standest
und ich nur im halben,
trafen wir uns.

Du zogst mich an
mit sanfter Gravitation,
während du zärtlich strahltest
in silbrig-frostiger Reflexion
der Sonne.

Als du abnahmst,
und ich allmählich wuchs,
begannst du zu schwinden,
das Universum weniger erhellend.

Also übernahm ich.
Doch dann zog ich die Motten an,

und mein reines Licht
wurde befleckt von
ihren ängstlichen und
aufgeregten Flügelschlägen.

Du begannst wieder zu leuchten,
und ich war erleichtert.

Aber dieses sich ständig
wiederholende Spiel
erschöpft mich und ermüdet.
Ich würde mir lieber
die feste Beständigkeit
eines Fixsterns wünschen.
Und du suchtest dir lieber
einen Satelliten, der um dich kreist
und dir immerzu
ein feines Signal romantischer
Bewunderung sendet.

Petržalka, Slowakei
Nächste Abbildung: Gettysburg, USA

Zeit in deinem Atem.
Eins, zwei, drei, …
Wie lange können wir
atmen und Zeit zählen
- zusammen?
Erwachendes Begreifen,
langsam, langsam,
sachte wie deine Hände.
Schmerzendes Erwarten,
welches das Atmen so unendlich
wertvoll wertlos macht.
Und zwischen all den Gedanken,
die mich ersticken
wie die Zeit das Hoffen,
du und dein Kinderlachen.

Freiheit
Hohle Worte,
nirgends frei.
Pflichten binden wie Bänder,
bunte Bänder.
Unter Farbe
verborgen die Fessel.
Ein Muss wieder das Wollen.
Frage gefragt,
falsch entschieden,
oder richtig.
Wo ist man freier?
Hier unten
nirgends.

Sossusvlei, Namibia

Ich bin

In einem Meer von Blumen
ertrinke ich im gleißenden Licht.
Ich bin, und du hast mich geschickt,
Aufgaben zu vollziehen,
die meine und die deine.
Bewältigen werde ich sie und die Welt.
Meine Stärke ist genährt von der Sonne.
Ich bin.

Kalter Schnee auf der Hand verzischt -
meine Energie lässt die Luft hitzig flimmern.
Alles ist zu schaffen irgendwie, und
ich bin mittendrin.

Ich will und ich bekomme,
eine Formel, die ich nicht zu lernen brauche.
Gib mir nur eine kurze Pause, wenn ich schwanke,
dann werde ich mich erheben
und in den Himmel zielen.

Ich bin.
Das alleine
sollte mir genügen.

Hamilton, Bermuda

Zwei Welten

verschränken sich
in zwiespältiger Brust,
lassen sich nicht los
und auch nicht mich.

Hier die Liebe,
dort die Treue, dort,
wo Sein bis vor kurzem
noch unbewusst und
unbekannt.

Hier,
wo unbestimmt
Gewohnheit Gutes ist
und schlecht.

Zieht es mich doch zum Alten,
zwing ich mich selbst zum Neuen,
selbst mich wachrüttelnd,
selbst mich beschwörend,
anders zu sein.

.

Etosha Nationalpark, Namibia

Nicht mehr

Nicht mehr verbinde ich die Worte
mit schönem Klang und weicher Kraft.
Längst ist das Herz ergraut,
treibt mechanisch zäh
das dunkle Blut voran,
Tag für Tag.

Kein Hirte da, der dich umarmt,
verirrtes Schäfchen.
Der heimführende Ruf hallt
wirbelnd in den Bergen -
Woher? Woher?

Der Lebenswille noch nicht ganz verjagt,
rastlos suche ich auf falschen Pfaden.
Der Kampf in mir
kann nur durch Hoffnung enden.
Der Talisman verkrampft in meinen Händen.

Swakopmund, Namibia

Bermuda

Hoch oben sitze ich,
auf der schroffen Klippe
aus Vulkangestein,
und blicke nach unten
in den sprudelnden Wirbel.
Die glitzernden Wellen,
die auf mich zurollen,
haben eine
magische Anziehungskraft.
Ich gebe mich ganz
der Naturgewalt hin.
In ihrer Gegenwart erscheinen mir
meine Sorgen nichtig.

Die Sonne geht unter.
Taucht das funkelnde Meer
in blutiges Orange-Rot,
eine tiefe Wunde
unter dem rastlosen Herzen.

Schon strecken sich die Palmen
schwarz und majestätisch
in den Himmel,
an dem die ersten Sterne einsam
ihre Wanderung beginnen.

Der Wind haucht sanft
über mein Gesicht.
Ich lausche dem zirpenden
Singsang der Baumfrösche.
Halte noch einmal bewusst inne,
damit die Wärme der Erde
auf meine Hände übergehe.

Jetzt stehe ich auf.
Ich muss gehen.
Doch in mir trage ich
die Kraft des Ozeans und
die Ewigkeit der Sterne.

Tobacco Bay, Bermuda
Nächste Abbildung: Gower, Vereinigtes Königreich

Die Piratenhöhle von Gower

Kennst du die alte Höhle,
tief im Felsenreich ist sie versteckt
an Gowers stürmischer Küste,
der Eingang von seegrünem Moos bedeckt.

Man munkelt, ein Schatz sei dort verborgen,
einst von wilden Piraten dorthin gebracht,
die Kelche von König Artus' Rittern.
Noch jetzt flüstern Schatten in windheulender Nacht.

Viele suchen, getrieben vom Gold,
manch ein Getreuer ließ hier schon sein Leben.
Auch ich bin gekommen, um Reichtum zu finden.
Doch ahn ich bereits: es wird ihn nicht geben.

An die Welt

Was will ich ihr sagen,
der Welt dort draußen,
dem Erdenball,
der vom Weltall aus
so perfekt erscheint
im Spiel von Rund und Wolken,
Erde, und Meer.

Wenn ich mir die Nase plattdrücke
am Flugzeugfenster,
dann sehe ich Farbe -
die Gebirge Europas weiß,
die namibische Wüste rot,
das Meer um Bermuda türkis, wenn das Flugzeug zur Landung ansetzt,
die leuchtenden Sterne Amerikas aufgemalt auf tiefschwarzen Himmel,
die Felder aus Braun und aus Ocker und die Wiesen aus Grün,
wenn ich nach Hause komme.
Nach Hause, das es längst nicht mehr gibt,
weil das Gefühl von Heimat verloren gegangen ist,
irgendwo dort draußen,
und sich nur noch widerspiegelt
in Gesichtern, Gesten und alten Geschichten.

Damals, als ich dort stand,
am Strand Amerikas,

und in die Ferne blickte,
nach weit drüben
hinter Ozean
und hinter Horizont,
war ich noch voller Sehnsucht
nach Heimat
und nach Ich.

Jetzt weiß ich nicht mehr,
wohin ich blicken soll.
Und mein Ich ist aufgegangen in der Welt,
im kunterbunten Treiben der Basare,
auf denen man feilscht
um das Schicksal der Eisblume.

Wenn ich in mich gehe
und in der Stille zu lauschen beginne,
höre ich die Trommeln Afrikas
- Mammaaaaa Afrikaaaa! -
das Pfeifen der Baumfrösche Bermudas,
die fröhlichen Rhythmen des Salsas in Kuba
- un, dos, tres, quatro, cinco, seis, siete -
die schnellen Beats in den Clubs von Teneriffa, wo man Mojitos trinkt, mit
dem Finger im Takt schlägt
und den Körpern zusieht, die sich extatisch im Lichtstrahl bewegen.

Und dann, plötzlich, spüre ich die Freiheit,

wenn ich im Ozean schwerelos mit den Fischen tauche,
wenn ich hinten auf dem Pick-up Truck stehe, der durch die
Steppen heizt, meine Arme weit,
wenn ich ein kleiner Punkt im Gebirge bin, und über mir nur
Himmel und Sonne.

Was will ich ihr sagen, der Welt?
Ich will ihr sagen,
dass sie mir, trotz der Wunden, die sie mir immer wieder schlägt,
trotz des Blutes, das da spritzt in all den Kämpfen,
trotz der Narben, die meinen Körper übersäen,
trotz der Schlachten, von denen ich langsam müde bin –
ich will ihr sagen,
dass ich wieder aufstehe,
dass ich noch zittrig bin auf den Füssen,
sich mein Körper langsam wieder spannt.
Ich allmählich gerade stehe,
mein Lachen nicht mehr aufgesetzt ist.
Ich wieder beginne, den Horizont zu sehen ...

Warum?
Weil ich glaube.
Weil ich weiß.
Weil ich hoffe.

Keep on moving.
Jetzt erst recht.

Sierra Nevada, Spanien

Heimat

Die laubgekrönten Spitzen,
das weite, weite Feld,
der Nebel in den Tälern
und Stille in der Welt.

Himmel wolkenhängend,
Vögel steigen auf,
Wege durch den Acker,
ein Hase dort im Lauf.

Ziegelrot die Dächer,
hinter Fenstern Schein,
ziehn vorbei die Häuser,
schmiegen sich ins Tal hinein.

Mit Schwermut und mit Ruhe
liegt das Land vor mir,
längst schon die Erkenntnis:
zuhause, das ist hier.

Wales, Vereinigtes Königreich

Impressum

Bibliografische Information der Deutschen Nationalbibliothek: Die Deutsche Nationalbibliothek verzeichnet diese Publikation in der Deutschen Nationalbibliografie; detaillierte bibliografische Daten sind im Internet über http://dnb.dnb.de abrufbar.

Die automatisierte Analyse des Werkes, um daraus Informationen insbesondere über Muster, Trends und Korrelationen gemäß §44b UrhG („Text und Data Mining") zu gewinnen, ist untersagt. Das Werk darf – auch nur in Teilen – nur mit Genehmigung der Autorin wiedergegeben werden.

© 2024 Andrea Voggenreiter (Bilder und Text)

Herstellung und Verlag: BoD – Books on Demand, Norderstedt

ISBN: 9783759766847